오늘의문학시인선 382

대청호 연가

김선자 시집

오늘의문학사

대청호 연가

| 서시 |

사랑하리라.
내 안의 몇 겹 장벽
무너져버린 날
마음의 불꽃을 댕기리라.
불꽃이 당신 안에
활활 타고 있을 때
어떤 고통을 동반한 희생도
인내하며 견딜 수 있는
슬기로운 힘이 되리라.

아프고 아파도
사랑하리라.
당신이 존재하는
실존의 본질적인
양심 안에서 우러나오는

그 정수(淨水)로
함께 마시며 살 수 있는
영원히 마르지 않는
샘터를 찾으리라.

무심코 밟고 지나온
들풀 한 포기도
뒤돌아서 일으켜 세울 줄 아는
시인이 되고 싶다.

| 차례 |

1부
목련꽃 지던 밤

서 시	4
어머니	13
목련꽃 지던 밤	14
고추댁	16
94세 어머니의 눈물	18
한가위	20
찔레꽃	22
상사화	23
엄마! 티코 타고 가자	24
모자가정	26
날 개	27
분 꽃	28
워낭소리	30
송 편	32
대청호 연가·1	33
대청호 연가·2	34
대청호 연가·3	35
대청호 연가·4	36
대청호 연가·5	37
대청호 연가·6	38

2부
내 안의 나에게

그 섬	41
자화상	42
기다림	43
내 안의 언약	44
나의 뜰에도 봄은	45
내 안의 나에게	46
여름밤	48
소쩍새	49
몰랐습니다	50
오 월	51
그래도	52
여 정	53
팽 이	54
귀 가	55
짝사랑	56
여 백	57
동그라미	58
설 화	60
용 서	61
채송화를 보며	62
무 죄	63
외로운 사람들	64
고 향 · 1	65
고 향 · 2	66
고 향 · 3	67
고 향 · 4	68

3부
한 마리 나비가 되어

사 월	71
당신도 꽃이었나 봅니다	72
싸리나무 꽃	73
멈추었던 시간	74
꿈	75
샛 별	76
공 감	77
매실 액기스	78
빈자리	79
한 마리 나비가 되어	80
그 대	81
여름밤의 추억	82
가을달	83
하나는 외로워 둘이랍니다	84
이 가을엔	85
단 풍 · 1	86
단 풍 · 2	87
눈 내리는 밤	88
향적봉에서	89
그대 있음에	90
가을비	92
동 행	93
추 억	94
기다림 · 1	96
꽃 씨	97

4부
울지 못하는 새

둥 지 · 1　　101
둥 지 · 2　　102
지천명　　103
양귀비　　104
제비꽃　　105
그 길　　106
변산 바람꽃　　107
낮에 나온 반달　　108
백일홍은 피었건만　　109
가을애상　　110
꽃 진 자리　　111
서리꽃　　112
겨울 그리움　　113
첫 눈　　114
낮 달　　115
울지 못하는 새　　116
낙엽을 밟으며　　117
기다림 · 2　　118
가던 길 멈추고　　119
버려진 우산　　120
태풍전망대　　122
낙 화　　124

시집 해설 ｜ 리헌석 고통을 승화한 애이불비의 미학　　125

1부
목련꽃 지던 밤

어머니

까마중 익어가는
황혼 들녘.

은빛 나이테의
어머니
머리카락.

억새 몸짓으로
바람마저 서럽다.

목련꽃 지던 밤

봄밤
기도하는 어머니.

목선을 타고
내려오던
달빛 속
뽀얗게 웃고 있던 너

이마에 머무는
바람에도
떨어지는 눈물을
나는 보았지.

허연 속살로
저항 한번 못하고
속울음 삼키던

그 밤

어머니의
세월이 지듯
목련은 지고.

고추댁

고추댁은
어머니의 별명이다.

어린 시절 가을이면
우리 집은 온통 고추로
빨간 꽃이 피었다.

갑작스레 비라도
오는 밤이면
온 식구가 용수철처럼
일어나 지붕 위
고추를 내려야 했고
고추벌레가 슬금슬금
방바닥에 기어 다녀도
징그럽지 않았다.

수백 번의 어머니 손길이
오가면 상품가치 있는
마른고추로 태어나

새벽장 짊어지고 가신
아버지

그 고추는
의대를 다니는 오라버니의
등록금으로 변신,
그렇게 맏아들에게
일생을 바치셨다.

그러나
이제 남으신 건
마른고추보다
더 메마르신 손등

서리 내린 머리와
바람 숭숭 드나드는
뼈마디만 외로움에
떨고 계신 어머니
어, 머, 니!

94세 어머니의 눈물

외손자 결혼한다고
인사 가던 날

축하한다!
앙상한 손으로
손자 손을 꼬옥 잡으시며
흘리시는 눈물

예비 손자며느리에게
"내 딸이지만
하나도 나무랄 데 없는
네 어머니란다."
딸이 홀로 고생하며
키워낸 외손자

그 딸의 가슴을
먼저 헤아리시는
노모의 눈물과
굵은 주름이
내 고단한 삶
나이테처럼 많으셨다.

삶이 힘겹다고
딸 노릇 한번 제대로
못해드렸는데
이렇게 뼈와 가죽만
남으신 어머니

이젠
그 거칠어지신 팔 다리를
주물러 드리는 일밖에
아무것도 해드릴 수 없음이
가슴 에이는
이 불효 여식

어머니
외손자가 아들 딸 낳고
살 때까지 오래오래
건강하게 사셔야 해요.

서녘하늘에
석양도 함께 울던 날.

한가위

달빛 아래
어머니는 송편을 빚으시고
어린 나는
동구 밖에 쪼그려 앉아
장에 가신 아버지를
기다렸지.

여덟 식구 울고 웃는
집채보다
더 무거운 짐을
짊어지고
새벽장 가신
아버지.

따라 나온 삽살개는
달을 짖고
하얀 신작로에
봇짐을 짊어지신
그림자.

지친 몸
천근의 무게지만
어린 딸을
덥석 안고
사슴처럼
가벼우신 발걸음.

철없는 딸은
봇짐 속에 들었을
추석빔만
종일토록
기다렸던 거야
그랬던 거야.

찔레꽃

들길 따라
아버지 등에 업혀 갔던 길
하얀 찔레꽃 따 먹으며
잘도 놀았지.
해질녘 돌아오는 길,
아버지의 흰 적삼에 배인
땀 냄새는 찔레향보다 좋았고
지친 아버지 등에서
철없는 어린 딸은 그저 좋았지,
좋기만 했지.
어느 오월
찔레 향 흐드러지던 날
세상 짐을 내려놓고
천국으로 가신 아버지.
이 계절
아버지의 향기 그리워
하얀 찔레꽃 무덤 앞에
진종일 서성이고 있네.

상사화

말 못할 가슴
어긋난 운명으로
이름 지어진 넋이여

아련한 속눈썹
눈물 맺힐까
차마
마주하지 못하고
지나쳐 온 발길

옷자락 부여잡는
애절한 눈빛에
뒤돌아본 그 자리
아!
기다림의 붉은 순정
나 아닌 내가
서 있더이다.

엄마! 티코 타고 가자

26년 전 모 국회의원이
생활보호 대상자들에게
밀가루 한 포대씩을
추석명절 선물로 주었다.

간신히 머리에 이고 가는
엄마 치맛자락 붙잡고
졸졸 따라오던 아들

"엄마 내년엔 티코 사서
싣고 가자."

네 살짜리 아들 눈엔
밀가루 한 포대가
그렇게 무거워 보였나보다.
"그래 돈 많이 벌어서
내년엔 티코 타고 가자."

우리 세 식구의 몸무게보다
더 무거운 삶을

머리에 이고도
엄마와 아들은 신이 났었다.

이젠
그 아들은
티코보다 더 큰 차에
밀가루 한 포 대신
행복을 가득 싣고
한 가정의 가장이 되기 위해
결혼을 한다.

어려웠던 그 시절을
추억하며 오늘밤도
꿈과 희망 속에 단잠을
청해보자 아들아.
축복한다!
사랑한다!
행복해야 한다!

모자가정

어렵게 살아가는 홀로된 엄마들에게
정부에서
햇빛 같은 희망을 준
모자가정 혜택 영세민 아파트

8평 작은 집
저렴한 임대료
초 중 고 학비지원
의료보험 무료

남의 시선이 창피하기도 했지만
만석꾼도 부럽지 않았던
작은 천국

그 시절
고마운 정부가 있었기에
지금의 내가 있을 수 있는 게지.
파아란 하늘을
자주 올려다보고 웃을 수 있는 거야.

날 개

잔별 같은 나날
비탈길을 오르다
미끄러지기를 수십 번
상처 난 무릎 싸매고
다시 오른 그 자리.

드디어 계약서에
싸인 받고 돌아오는 길.
장맛비는
주룩주룩 내리지만
내 발은 날개를 달았네.

분꽃

먼 산 뻐꾸기 울음 지쳐가고
산그늘 돌담길로 내려오던 날
하얀 수틀에 한 땀씩 수놓던
그 벌 나비를 따라
분홍치마에 순정을 바친 언니

코흘리개 어린 동생들
눈에 밟혀 밤새 흐느끼던 그 날
마당가 분꽃도 함께 울었지.

고운 치맛자락 붙잡고
가지 말라 울던 단발머리 동생은
알사탕 하나에 울음을 그쳤지만
꽃가마에 앉아 있는
울 언니 눈물은
하염없이 흘러내렸지.

마당가 분꽃은
아직도 주인을 기다리고 있는데
꽃보다 더 곱던 언니 얼굴엔

고난의 나이테만 두서없이 내려앉고
꺾이어진 무릎은 돌아올 줄 모르네.

※ 뇌졸중으로 쓰러져 걷지 못하는 언니 생각에.

워낭소리

동지섣달
달빛 차가운 밤
워낭소리에
창호지 문을 열고
소 외양간을 바라본다.

혹시나 소도둑이 들었는지
어린 나는 걱정되어
밤마다 소 방울소리에
귀를 기울이곤 했다.

푸른 달빛 아래
그렁그렁한 눈망울로
나를 반기는 누런 암소는
우리 집 재산목록 1호였지.

긴긴 밤
지나는 바람도 흐느껴 울던
그 밤

너도 잠 못 들고
나를 불렀나 보다.

이 혹한에
넉넉한 마음을 가진
순수한 그 누가
워낭소리로
내 곁에 있어 주었으면.

송편

자장자장
토닥토닥
뽀얀 버선코
나란히 누워
온가족
웃음꽃 피네.

마음은 하나지만
삶의 모양대로
그 속내는
다르기에

휘영청 밝은 달
한시름 걸어 놓고
오늘은
마음을 빚는 날.

대청호 연가 · 1

들꽃향기 풀내음 가슴 파고들고
멀리인 듯 가까이에서
뻐꾸기 흥얼대는 대청 호숫가.
꽃반지 끼워주며 두 손 꼬옥 잡은
연인의 두 눈 속엔
청춘의 심장보다 더 붉은
석양이 떨어지고 있었지.
이름 모를 풀꽃들과 도란대는 새소리
하늘빛 대청호에 자박거리는 발걸음은
추억이 되고,
서로의 약속은 없었지만
설레는 가슴은
하나 되어 타임머신을 타고
소년소녀로 날아다녔지.
수은달이 호수에 떨어져
헤어질 시간을 재촉했지만
아쉬운 발길
꿈같은 이 시간 다시 올까
풀빛처럼 청청한 초하(初夏).

대청호 연가 · 2

널 품고도 남을 가슴이라면
널 잊고도 남을 세월이라면

언제나 그 자리에서
실향의 아픔을 달래주는
깊고 넓은 가슴을 만난다.

하늘을 닮아서일까
순박한 사람들이
떼어놓고 간 속정 때문일까

수많은 애환을 품어 안고도
해맑게 웃기만 하는
대청호, 너를 닮고 싶어.

저기 저 은빛 물비늘에
얼룩진 마음을 내려놓는다.

대청호 연가 · 3

창포에 휘감은 머릿결
풀어헤치고
파아란 하늘 가득 담아
굽이굽이 일렁이는 은빛 물결

휘돌아가는 모퉁이마다
하얀 모래톱 나이테로
세월을 말하고 있네.

윤슬 위를
날갯짓하며 뛰어노는 영혼,
어린 시절
잃어버린 한 쪽 고무신은
어느 용궁 속에 둥지를 틀었나.

내 반쪽을 찾아왔지만
대청호는 말하고 있네
말없이 돌아가라고.

대청호 연가 · 4

대청호에 비가 내린다.

실향민이 된
질곡의 세월
타향에서 흘린 눈물

고향을 잊지 못해
골짜기를 거쳐
어두운 도시를 지나
대청호에 이른다.

사연은 다르지만
고난의 세월은 같기에
그 가슴도 하나가 되겠지.
푸른 물 대청호야

네가 보고파
빗방울이 되어
한없이 호수를 채운다.

대청호 연가 · 5

밤안개 자욱한 대청호
아련한 달빛 부서지고
어느 연인이 잡은 두 손의 맹세에
따라 나온 별 하나도 반겨주네.

잊지 못할 아픔은 말없는 물속에 던져 버리고
들꽃들 노래하는 호숫가에 하얀 집 짓고
나룻배 하 나 띄워 함께 노 저으며
수채화 같은 삶을 엮어가야지.

푸른 별들 소곤대는 밤
서리 내린 머리 주름진 얼굴 쓰다듬으며
한 세월 살아감에 감사하고
문풍지에 이는 바람도 서로 막아주며 살고 싶다.

밤벌레 소리와 함께 옛이야기 나누며
이젠 힘겹고 외로운 항해를 접고
이 곳 달빛내린 호숫가에 닻을 내려
이름 없는 여인으로 살아봤으면.

대청호 연가 · 6

새 소리에 눈을 뜬 호수에
물안개가 기지개를 켜고
노닐고 있다.

안개 사이로 날고 있는
백로 한 쌍 위에도
이슬이 뒹굴고
주인 잃은 나룻배는
뭍에 등을 반쯤 기댄 채
외로운 몸짓으로 춤을 춘다.

태초의 시간
나신으로 무희를 하는
영혼,

그 속에도
영글어가는 꿈이 있으니
안개 사라지는 순간
작은 내 소망도 날개를 펴겠지.

2부
내 안의 나에게

그 섬

허허롭던 가슴에
섬 하나 있네.

옹이처럼 박혀
빼낼 수도 없고
다가갈 수도 없는

그 섬에 가고파
하얀 돛을 올렸지만
지나던 순풍은 말하고 있네,
돛을 내리라고.

산다는 건
누구나 가슴에
섬 하나씩 품고 가는 것.

자화상

자화상을 그리려
거울 앞에 앉으니
웬 낯선 여인이
배시시 웃고 있다.

복사꽃 그 시절
어디가고
세월만 손짓 하네.

아직도 설레는 가슴
십팔 세인데,
그 마음 그릴 수 없으니
내 이름 석 자만
커다랗게 써 놓고 말았네.

기다림

밤잠 설친
대청호
주인 잃은 나룻배야.
너도 타들어가는
가슴이구나.

돌아올 기약 없이
떠난 님,
초승달 기울어진 새벽
하얀 별강 건너
오시려나.

안개 낀 호수엔
바람 같은 영혼
천리를 달려
젖은 가슴
기다리는 망부석이구나.

내 안의 언약

손끝을 만지며
심연으로 들어온 소슬바람은
간직한 추억 한 조각을
내 놓으라 하고

실낱같은 그리움을
하늘에 매달고
내 꿈이 머물
그 곳만 바라보라 합니다.

지친 가슴 멍들어도
떠난 자리 뒤돌아보지 말고
흘러가는 구름
잡지 말라 합니다.

오늘보다 더 아파도
외로운 항해에
고개 숙이지 말고
하얀 돛을 올리라 합니다.

나의 뜰에도 봄은

시린 바람 머물던
굽은 무릎 위
산까치 한 마리
조심스레 내려앉아
잠자고 있던 가슴이
실눈을 뜬다.

동토 속 복수초가
순산을 하며
노오란 소망으로
피어나고

단 한마디
아름다운 노래로
생을 다할지라도
나의 뜰에
너를 닮은
봄은 오고 있다.

내 안의 나에게

내 자신에게 물었습니다.
앞으로 어떻게 살아갈 것인가?

그동안 운명이란 실에 꿰어져
내 의지와는 전혀 다른
삶이란 명제 앞에
묵묵히 순종했지만
돌아보니 회한의 세월이
목을 길게 내리고 있습니다.

하지만 이제부터라도
내 인생의 도화지에
회색빛 색채를 지우고
연둣빛 색채로 그림을
그리고 싶습니다.

수많은 시간, 꿈꾸고 갈망했던
내 소망을 작은 소쿠리에
듬뿍 담아 하나씩 꺼내어
예쁜 그림을 그리겠습니다.

너무 흔해서 관심도 안 보이는 참새를 보세요.
산초알 같은 영롱한 눈을,
어린아이처럼 천진스런 모습을,
티 없이 맑은 그 눈으로
미래를 바라보며 살고 싶습니다.

어른이 되어서도 어린아이의 마음을
지닐 줄 아는 사람은
신비를 누릴 수 있다고 합니다.
이제 그 눈에 이슬이 맺히지 않도록
하늘을 더 자주 올려다보렵니다.

그리고 나에게 말하고 싶습니다.
하늘이 주신
무지갯빛 인생은
이제부터라고.

여름밤

밤 새 우는 풀벌레는
무슨 까닭인가요.

뽀오얀 샛별들
동화책 읽는 소리인가,
잠 못 드는 아낙
방망이질하는 가슴인가.

무심한 달은
허공에 매어 있는데
아무도 모를 심사

풀잎을 안았던 가슴
망각의 강에 눕는다.

소쩍새

찔레꽃 향기 서글픈 밤
나 어쩌라고
어찌하라고
고장 난 내 심장을
허락도 없이
헤집느냐
울지 마라
울지 마라
어둠이 사라져간
아침은 올 것이며
네 가슴의 눈물이
노래의 향기가 되리라.

몰랐습니다

구름 속에
가려진 달이
얼마나 외로운지

풀섶에 숨어 우는
풀벌레가
얼마나 슬픈지
몰랐습니다.

그 모습은
그 소리는
바로 나라는 걸
이제야 알았습니다.

오 월

연둣빛으로 물든 마음
사월이 남기고 간
못다 쓴 연서에
어떤 사연을 그려야 하나.

오늘도
수신 없는 긴 문장을
가슴에 묻고
내가 왔던 그 곳
서정의 밭을 일구고 있다.

오월의 여신 앞에
가슴을 열어
저 싱그러운 산야에
메아리를 보낸다.

오월은
우리가 함께 할
우리의 날이라고.

그래도

꽃잎은
떨어져도
울지 않고

낙엽은 지면서도
춤을 춘다.

지천명으로
내달리는 이 밤

가슴은 통곡하지만
그래도
웃고 싶다.

여 정

외로운 돛대 하나
밤하늘의 별을 등대삼아
거친 풍랑 헤치며
항해를 해왔지.

고단한 몸 천리를 누웠지만
보릿고개 여덟 식구 가장이면서
힘든 표정 한 번 안 지으셨던
아버지 조각달 웃음을 생각하며
눈물을 삼켰고

"그래~ 세 식구 가장은
아무것도 아니야."
다짐하며 새 힘을 얻곤 했지.

이젠
어느 작은 항구에 닻을 내리고
살랑대는 바람에 콧노래 한 번
불러봤으면
그래봤으면.

팽이

내가 돌아다녀야만
살아갈 수 있었던 나날
아직도 멈추지 않는 팽이는
꿈을 향해 돌고 있다.

잠시라도 한눈을 팔면
넘어지고 마는 가장이기에
삶이라는 팽이채는
날렵한 채찍으로
버석거리는 몸둥이를 휘감는다.

아프다 소리는 엄살이고 사치다
그래도 가야하기에
구멍 나 먹먹한 가슴을 움켜쥐고
빙판의 주인공이 되어 산다.

나는 팽이요,
세상은 팽이채.
우린 함께 가야 할 숙명이다.

귀 가

하루의 희로애락을
툭툭 털어내며
돌아오는 발길

도시의 네온사인을
한 입 베어 문 심장에
차가운 별들이 떨어진다.

무심코 올려다 본 하늘엔
겨울달이 나목에 걸려있고

채 떠나지 못한 잎새 하나
시린 달빛 아래
파르르 떨고 있다.

그렇게,
그렇게 곡예사가 되어
매달려 있는 삶이
가시처럼 아프다.

짝사랑

세상을 다 채우고도
보이지 않는 바람처럼
빈 가슴 가득 채우고도
보이지 않는 사람

어느 날
운명이라는 이름으로
자리한 그대
스산한 바람이 일 때마다
잎이 지고 꽃이 지더니
메마른 가시만 남아
쿡 쿡 가슴을 찌른다.

촉수에 매달린 이슬
떨어질 때마다
더 깊이
파고드는 신열을
난 어찌합니까.

여백

그림자 앞서가는
외길 위에
속살거리는 별들이 있어
외롭지 않았지.

처마 끝 풍경처럼 매달린 삶
바람이 달려와
함께 노래 불렀지.

산새들 숨어 울던 숲속
시간도 잠이 들고
어여쁜 달님 창가에 찾아와
자화상을 그리건만

살아온 세월만큼
얼룩진 나이테
차마 하얀 도화지에
그릴 수 없어 붓을 놓았네.

동그라미

아무런 자취를 남기지 않고
어딘가 남모를 거리
지나가는 사람들의
흐드러진 웃음과
헐렁한 몸짓 속에 담긴
숱한 이야기를 들으며
한 권의 책을 끼고 다니던 날들

나를 찾으러
떨어져 나간 나를 찾기 위하여
헤매던 고통
붉게 물든 저녁의 소리는
고즈넉한 하늘 속으로 날아가고
찬바람이 가슴으로 들어와
하루의 기다림을 지웠다.

밤이 긴 시간의 대화
작은 별과 나의
그 아득한 음성으로

그리움을 이야기하며
채워지지 않은 나의 가슴
빈자리에 선 나.

어느새
그리움을 배웠기에
기다림의 고통을 잊은 하루

그 하루의 방황에서 배운
의미로 결국 나는
내 자취 사라졌던 곳
동그라미의 가운데
서럽던 그 곳에 다시 선다.

설 화

앙상한 검은 가지에
잃어버린 왕국
하얀 세상이 열리고
여인의 미소가 피어납니다.

나뭇잎만한 행복일지라도
은하수 건너
영혼으로 승화된 사랑이기에

뜨락에 떨어진
그리움을 보듬고
태초의 신비 속
순결의 결정체로
그대 가슴에 지지 않는
별로 뜨렵니다.

그대의 뽀얀 입김으로도
사르르 녹는
눈꽃이고 싶습니다.

용 서

모든 이를 용서하는 건
나를 용서하는 것

삶이란 곧 용서이기에
고개 들어 고인 눈물
고개 숙여 떨구며

씨실의 원망 위에
날실의 사랑이 엮어져
미완성 작품을
함께 만들어 가는 것.

채송화를 보며

척박한 돌 틈 사이
가장 낮은 가슴으로
웃고 있는 너

안경테 너머로
살짝 보았던 순박한
그 사람 눈매를 닮았구나.

아프고 외로운 이웃을 위해
더 낮은 나날을 보내고 있을
인자한 그 모습

한 조각 추억이 일어나
그리움이 울컥 일 땐
고향마당 채송화를 보러가야지.

그도 나를 기다리고 있을까.

무 죄

꽃반지 끼워주며
다시 오마
약속하던 입술

떨리는 손 잡아주던
따스한 손길

가슴속 깊은 상처
싸매주던 그 마음

잠자고 있던 심장
고장 난 이유

설령, 거짓이라 할지라도
당신은
무죄입니다.

외로운 사람들

아이들이 오지 않아
동구를 지키는 느티나무 아래
졸고 있던 할아범

사립문을 밀치고
들어서면
토방 가득 엎드려 있던 어둠은
창호지 속으로 스미어 들고

일 나간 놈
마실 나간 놈
시집보낸 놈
어릴 적 그 놈들

기다리던 할멈과
밥술을 뜨다 말고
자식들이 오지 않는다며
고개를 젓는
알전등.

고 향 · 1

청개구리가 목청껏 울어대고
소나기가 세차게 쏟아지던 어느 날
신작로에서 뛰어놀던 동무들
널찍한 토란잎
하나씩 꺾어 쓰고 뛰어가면
소 몰고 어슬렁
뒷짐 지고 걸어가시던 준호아버지

"아, 이 녀석들아
뛰어가면 앞에 비까지 맞잖어!"

그 한마디에
뛰어가던 발걸음 멈추고
그 비를 다 맞으며 걷던 어린 시절

고향에 돌아와 보니
그 아저씨는 뒷동산에 묻히시어
파아란 대청호만
묵묵히 바라보고 계시네.

고향·2

땅거미 짙어가는 저녁이면 멀리인 듯 가까이서 들려오던 애절한 소쩍새 울음소리. 조막손으로 뽑은 삘기의 달콤한 맛은 해지는 줄도 몰랐지.

흐드러지게 핀 아카시아 꽃잎 따 먹으며 전설을 얘기하고 줄기로 머리카락 돌돌 말아 파마머리 만들던 그 시절, 옆집 점순 언니, 입담 좋은 순정영화 얘기에 눈물로 소매 자락 적시던 살랑대는 뒷동산 상수리나무 그늘이 왜 그리도 싱그럽던지. 텃논에 시루떡을 잘라 놓은 듯 연록색의 못자리, 밤이면 반딧불이가 북두칠성을 향해 춤을 추고, 소야곡을 연주하는 개구리 합창소리, 귓전을 분주히 오가면, 어느덧 소녀가슴은 시인이 되어 머언 하늘 은하수가 되었지.

산그늘 내려오는 푸른 잔디에 누워 꽃반지 끼워 주며 풀피리 불던 시절, 아, 가슴 저린 그 아름다운 날들이 다시 돌아올 수만 있다면.

※ 꿈 많던 고향언덕이 지금은 대청호수 가의 식당이 되었다.

고 향 · 3

 파아란 하늘이 쏟아놓은 노오란 햇살로 벼이삭은 고개를 숙이고, 마당 끝 미루나무는 손 흔들어 바람을 부르네.

 초가지붕 위 빠알간 고추도 제 빛을 다할 때 참새들의 기름진 노랫소리, 농부들의 주름진 얼굴에 풍성한 미소를 더해주던 곳. 코스모스 꽃잎 놓아 문풍지 바른 창가에 하얀 달님이 찾아와 전설을 얘기하던 옛 동심도 이젠 나라 살림에 보태어진 나의 고향, 텃논에 서성이던 허수아비는 어디로 갔을까.

 지금 그 자리 돌담 밑엔 새끼 잉어들이 숨바꼭질 하겠지. 기다리는 사람이 없어도, 기다리는 사람이 오지 않아도.

고 향 · 4

초가집 돌담에
수줍은 복사꽃 연지 찍고

하얀 나비 한 마리
부푼 가슴 파고들면
아지랑이 설레던
첫사랑의 언약

수양버들 사이로
소풍 나온 햇살 엮어
가슴에 수를 놓던 그 시절

한 송이 들꽃에서
천국을 보고
한 줌의 실바람에
청춘이 영글어가던
내 고향 봄은 아직도 나를
기다리고 있겠지.

3부
한 마리 나비가 되어

사 월

그리움으로 옹이 진 자리
아린 가슴 품어주고
아름다운 상처
천상으로 가는 꿈길.

미간에 머무는 바람에도
벙그는 꽃으로
승화된 성녀.

사월은
말 못하는 아기가
울지 않아도
말문이 트이는 계절.

당신도 꽃이었나 봅니다

나비춤을 추며 꽃이 집니다.

꽃이 지는 것은
슬픈 일이지만
꽃이 지고 난 뒷자리엔
수많은
꽃씨가 만들어집니다.

많은 추억을
남겨두고
곱게 떠나버린
당신도
한 송이 꽃이었나 봅니다.

싸리나무 꽃

보셨나요, 산길을 수놓은
연보랏빛 순정을.

행여 오늘은
기다리는 그 사람 오시려나.

수줍어 말 못하고 살랑대는 바람에
치마폭 여미며 향기만 보냅니다.

애타는 가슴
벌 나비는 내 집인 양 분주한데

산새소리에
님의 발자국소린가 귀를 엽니다.

멈추었던 시간

그 해 목단꽃이 지던 날
눈물도 시간을 안고
발등에 떨어졌다.

꽃보다 더 붉은
청춘을 보듬고
끊어진 밧줄에 매달려
신음해야 했고

이름 없는 들꽃으로
밤하늘 별들과
수많은 설움을 얘기했다.

이젠, 잃었던 이름 석 자로
멈추었던 초침을 깨우고
파아란 하늘에
끝없는 유영을 하고 싶다.

꿈

있잖아.
저 코발트 빛
하늘을
꼬옥 짜서
그림을 그릴 거야.

난 캔버스
넌 붓이 되어
우리가 함께 할
꿈길을
만들 거야.

그 길 끝엔
수채화 같은
사랑이
기다리고 있겠지
그러겠지?

샛 별

그대
그립고 그리워
샛별 따다
가슴에 담았습니다.

세월이 흐를수록
깊이 파고드는 연정

바람 앞에 등불 같은 삶
서러운 기다림이지만

꺼지지 않는
그 빛은
내 미래의 등대
당신입니다.

공 감

초저녁 과식한 상현달
중천을 어슬렁거리고

소슬바람은
짝을 찾는 귀뚜리 소리에
발길 멈추네.

울고 싶어도
울지 못하고
쓸어내리는 가슴
대신 애절하게 울어주는
너와의 기막힌 공감.

그대를 떠나 별빛을 따라
힘껏 달렸지만
결국 그 자리
당신 앞에 서 있네.

매실 액기스

초승달과 그믐달
상현달과 하현달
그대와 나
함께 익어가야 할 동반자
두 마음이 발효되어
미리내를 건너
보름달로 승화된 성녀.

빈자리

천 길 낭떠러지
한 가닥 소망을 붙잡고
곡예사가 되어
걸어온 세월

때론 골수를 쪼개는 아픔이었고
때론 잔잔한 호숫가
나뭇잎배 평화로움이었지.

명지털 설렘에
계절을 제일 먼저 느끼는
허허로운 가슴

지나던 바람이
내가 되었다가 그대가 되었다가
어깨 토닥이며
하나의 영혼으로 앉은
그때 그 자리.

한 마리 나비가 되어

그대 가슴속 한 모퉁이
아주 작은 집 하나 짓고
깊은 밤 하현달로 머물렀으면.

풀잎에 맺힌 이슬보다 짧은 만남
눈가에 앉은 잔주름도
내 것이라고 씨익 웃어주던
유난히 하얀 이가 순수했던 사람.

보고픈 마음 달빛에 걸어놓고
남몰래 속울음 가슴 적실 때
한 마리 나비가 되어
쌍둥이 영혼으로 살아봤으면.

그 대

거미줄만 난무하던
빈 가슴
그가 들어와
자리를 채우고 있다.
깊은 발자국만
남기고
행여 떠날까,
떨어지는 낙엽
끌어안고 지새운 밤.
천릿길인들
멀다할쏘냐!
가고파도
갈 수 없는
마음의 철책선
허물지 못하고
수만 번
그의 가슴만
넘나드는
쓰라린 순정.

여름밤의 추억

까아만 하늘엔 별들이 촘촘히 수를 놓고, 풀벌레 울음 귓전을 분주히 오갈 때, 멍석 위에 누워 북두칠성을 찾아 나선 내 눈은 별빛보다 빛났지. 마당가운데 피워놓은 모깃불은 짙은 풀 향기 속 하얀 연기로 여름밤 주인행세를 했고 바람에 부대끼는 옥수숫대 사이로 쏟아지는 별들은 나의 꿈만큼 많았지.

욕심껏 별을 헤다 새벽이슬 잠이 들면 내 작은 몸은 은하수를 건너 한없이 날아다녔던 시절, 오늘 그 자리에서 바라본 하늘과 별은 그대로인데, 인생길은 얼마나 많이 바뀐 것인가. 하늘아, 머언 훗날 돌아갈 그 날, 등불 밝히고 나의 빈 손을 잡아주렴.

가을달

초저녁
동쪽하늘
맑은 얼굴의 그가
멀리서
바라만 보고 있다.
가을밤은
깊어 가는데
부서지는
하얀 옷자락이라도
창가에 놓고 가시지.
내일 밤 다시 올
흔적이라도
놓고 가시지.
이 밤이 지나면
아니 오실까.
가슴 저린
독백의 시간
어이하라고.

하나는 외로워 둘이랍니다

매일 밤 푸른 달빛 속에
작은 꿈을 그려 넣고
맨 처음 생각하는 사람

거미줄 같은 일상들이
상채기를 내어도
참아내는 용기,
오독오독 되씹던 고독도
이젠 멀어져간 뒤안길
내 안에 자리한 그대

이제껏 만들어온
내 존재의 해답이기도 한
당신이 있기에
오늘 하루도 봄꽃입니다.

이 가을엔

이 가을엔
어느 조그만 간이역에
키 작은 코스모스로 피어나
길손의
친구가 되고 싶다.

산길 모퉁이
외로운 구절초로 피어난 여인과
동행하고 싶다.

이 가을엔
눈물 글썽이며 떠나버린
서글픈 가슴이고 싶고
그 눈물 닦아줄
하얀 손수건이 되고 싶다.

단풍 · 1

곱더라
참말로 곱더라.

넌
온 종일 마셔버린
태양에 취하고

난
갈증 난
네 유혹에
취했구나.

너와 난
한 몸이니
이 밤 홍등 밝히고
님의 발길
기다릴 수밖에.

단풍 · 2

밤 새
고운 물감 풀어 놓고
마르기도 전 떠나는 널
잡지도 못하니
난
어쩌란 말이냐.

찬 서리 뒷모습에
우수수
떨어지는 설움을
내 어찌 감당하란 말이냐.
난
어찌하란 말이냐.

눈 내리는 밤

누구의 아픔인지
누구의 눈물인지
이름 모를 상처들이
순결로 쌓이고
하얀 세상을 열고 있습니다.

혼탁한 세상
침묵으로 질책하며
별과 달을 외면하고
밤 새 목 놓아 울고 있습니다.

승무의 혼으로
어둠을 뚫고 잉태한
그리움 한 조각
바로
그대였습니다.

향적봉에서

배낭에 소소한 행복을
주섬주섬 담아 사슴발로
향적봉엘 오른다.

이름 모를 야생화 구름도
초하의 싱그러운 바람에
덩달아 춤을 추고
잠자고 있던 가슴
실눈을 뜨네.

뻗어 올린 손끝에 걸려
코발트빛 물감 쏟아지는 하늘에
난 내 마음속에서
나지막이 걸어 나와
사람 좋은 그대 얼굴을
조심스레 그려 본다.

그대 있음에

신기루의 허상만 쫓던
작은 새는
인생의 꼭두각시 탈을 벗고
무대 위의 주인공이 되었습니다.

소박한 무대이지만
상서로운 구름을 헤치고
푸른 하늘로 비행하는
독수리의 날개처럼
끝없는 행복을 펼치겠습니다.

그대가 있기에 산다는 것
그대를 위해
내가 할 수 있는 일이
있음을 알고
그 길을 나서는 것
그것만으로도 무너지는
자신을 세울 수 있고

무상한 쓸쓸함으로 가득 찬
내 영혼의 뒤안 어두웠던 길이
조금씩 아주 조금씩 밝아옵니다.

그대 있음에.

가을비

　창문을 타고 흘러내리는 빗줄기는 역류하여 추억을 안고 가슴으로 파고든다. 온갖 상념들이 방울 되어 둥둥 떠다니다 이름 모를 섬으로 흩어지고, 흐린 기억을 더듬어 못내 아쉬운 작별을 한다. 울적한 가슴으로 찾아드는 건, 낯선 나의 그림자. 길게 침체된 언어 속에서 또 하나의 망설임이 시작된다. 계절이 스쳐가는 스산한 길목, 구름처럼 떠돌던 사랑, 커피 잔에 어리던 그리운 얼굴.

　그리고 슬픔이 빗물과 함께
　시선조차 잡지 못하고 외롭다.

동 행

단발머리 나폴거리며
수많은 꿈속을 거닐던
그 시절

들꽃 한 송이에
친구를 보고
살랑이는 바람 한 줌에
하늘을 날 것만 같았지.

머언 길 돌아
다시 만난 우리의 인연
지천명 황혼 길이 서럽다 하지만
함께 간다면 무에 두려우랴.

남은 세월 무거운 어깨
서로 기대고
숯덩이 가슴
위로하며 살자.

추 억

하얀 창호지에
수줍은 달빛 숨어들어
사춘기 소녀를
설레게 하는 밤

마루에 걸터앉아
푸른 달빛 아래
고독과 밀어를 나누며
꺼내들던 자그만 시집 한 권

달은 새벽을 기어가고
시인의 가슴에 빠져들 때

외양간 누런 암소의
커다란 눈에도
교교한 달빛이 출렁였지.

시집 갈피에 분홍편지
끼워주며 고개도 들지 못하고

뒤돌아 뛰어가던 그 소년은
어느 별 아래 살고 있을까.

수많은 세월 동안
추억의 시집은
먹물 한 점 변하지 않았는데

머리 위에 첫 눈 오는 날
먼 산 서설(瑞雪)처럼
세월이 내려앉고 있네.

기다림 · 1

그대 뜰 앞
님의 소리에
톡 터지는
봉선화이고 싶습니다.

그대 창에
그림자로 숨어
외로움에 떨고 있는
아득한 그 심연에
활시위를 당기고 싶습니다.

미동도 없이
사라지는 잔상이지만
오늘도
깊어가는 창문에
이름 석 자 새겨봅니다.

꽃 씨

누가 너더러

얼굴에 꽃이 피었다 하거든

가슴에 꽃씨 하 나

심었다 하거라

가을하늘~ 늦장미!

4부
울지 못하는 새

둥지 · 1

가던 길

멈추게 한

조그만

빈 둥지 하나

행복을 가득 채우니

우리의

보금자리.

둥지 · 2

길을 잃고 헤매던
상심한 새벽별 하나
빈 가슴에 떨어져
무지갯빛 깃털 모아
둥지를 틀었네.

어둠 속을 떠돌던
가녀린 상처
어루만질 때마다
내 가슴에 빛이 되어
존재 자체로
소망을 주는 그대여!

화석처럼 굳은 맹세
두 손 모아 기도하고
명주실 같은 인연
변치 않는
안식처에 영원하리.

지천명

초록 날개 펴고
뜨거운 태양
흠뻑 마셨지.

세상사 등에 지고
서산마루 넘는 석양이
아름다운 이유를

각혈로 쏟아놓은
저 잎새들 속내를

지천명의 여인은
이제야
알고 있다네.

양귀비

그리움으로

옹이 진 자리

아린 가슴 품어주고

영혼의 상처로

승화된 성녀

무희의 춤사위

천상으로 가는

꿈길이어라.

제비꽃

길가 돌 틈 사이
아기 봄이 아장아장
걸어와서
자기 영토라
자리 잡고 있네요.
난 이름 없는 들꽃이 아니에요.
내 이름은
내 이름은
제비꽃이랍니다.

고맙다
고마워
무릎을 꿇고 보니
비로소
내 안의 보물창고가 보입니다.

그 길

이별의 강은
소낙비에도 건널 수 없지만
재회의 강은
눈물 한 방울로도 건널 수 있다.

대답 없는 메아리
가슴 먹먹한 시간
매듭은 풀고 인연은 엮어야지.

설산에 뒹굴고 있는
푸른 달빛 주워
가슴에 안고 살아온 세월.

이슬로 연명하는 반딧불이
애절하게 청신호를 보내듯
끝도 없는 사막에
푸른 깃발 하나 올려봤으면.

변산 바람꽃

어찌 그 긴 세월
동토 속에
명주 속곳 하나 입고

산고의 첫 사랑
잉태했는지
아무도 모르지
아무도 모르지.

밤 새 달려온 해풍
꽃잎 한 장 열어
이름 석 자 놓고 가니
그 이름 바람꽃.

낮에 나온 반달

붉은 눈물 삼키려
무심코 올려다 본 하늘
하얀 반달이 울고 있네.

잃어버린 반쪽 기다리며
중천의 시린 바람 맞고
외로운 길 홀로 가지만

내일은 우리의 것이기에
밝은 태양 사라지면
내 몫의 사랑에
운명을 걸리라.

내 반쪽이 웃는 날
찬 서리 밭에 나뒹굴던 설움
가슴에 끌어안고
외치리라.

백일홍은 피었건만

그 해 여름 수줍음 많던 꽃 한 송이
고이 간직했던 순정
옥양목 비단실에 몸을 맡기고
숙명이라 이름 지었네.
작열하는 태양을 만지다
떨어진 꽃잎도 함께 울던 날,
하루가 백일같이 타는 가슴
지나던 바람이 위로했지.
까아만 밤
별 하나를 등대삼아
항해를 해온 배 한 척
얼마를 더 가야 부두에 닿을까.
분홍치마에 새겨놓은
그 날의 맹세,
백일홍은 피었건만
어이 지는 해를 홀로 바라보는지.

가을애상

청자 빛 하늘이
시리도록 서글프고
바람은 왜
가슴을 파고드는지
난 모릅니다.

홀로 핀 들국화가
눈물처럼 아프고
사색하던 단풍이
하룻밤 꿈으로
떨어져야 하는지
난 모릅니다.

아무리 가슴을 흔들어도
가을 하늘은
사색하는 머리요
가을바람은
시를 쓰는 붓이라는 생각밖에
난 정말 모릅니다.

꽃 진 자리

참빛 햇살이 잠시
피었던 그 자리에
작은 꿈 하나가
자라기 시작했다.

서른에 멈춰버렸던
시간은
초침소리에 귀가 열리고
창백했던 가슴엔
꽃보다 진한 푸른 잎이
기지개를 켜고 있다.

스스로 가진 것을
내놓아야만
진정 슬픔을 견딜 수 있듯이
떨어진 꽃자리엔
눈물 같은
내일이 피고 있다.

서리꽃

한 서린 여인의 애절한 절규
투명한 창(窓)에 매달려
서러운 눈물로 떨어진다.

치마폭에 이는,
바람에도 스러지는
가냘픈 영혼을 지탱하며
지켜 온 순결

긴긴 밤
차가운 바람 맞으며
성성한 백발로 굳굳이 서 있는
인고의 무덤이여!

얼어붙은 심장
뜨거운 가슴으로 녹이리라.
나의 분신 눈물 꽃이여.

겨울 그리움

깊고 푸른 밤
상흔으로 떨어진 별이
메마른 목숨
가지 끝에 매달고

떨고 있던 초승달도
빈 가슴에 얼굴을 묻고
잰걸음을 하고 있다.

어둠이 토해낸 적막은
나목으로 서성이고
칼바람 스치고 간 자리엔
피다만 서리꽃이
구들장처럼 살고 있다.

버선코에 몸을 싣고
머언 길 돌아 온 여정
늘 배웅만 하던 삶을
이젠 까치발로 달려가
마중 나가고 싶다.

첫 눈

하얀 버선코에
시린 발 숨기고
밤 새 달려온 넌
누구의 분신인가.

소리 없는 외침으로
허공을 맴돌다
까치발로 내려앉은
수줍은 얼굴

순백의 짝사랑으로 찾아와
설렘 한 줌 남겨놓고
홀연히 사라지는
무정한 바람.

낮 달

삭풍이 옷깃을 휘감는 겨울 오후
고개 한 번 떨구면 곧 저녁인데
말간 낮달이 홀로 길을 나섰네.

서산 너머 마을에 문상을 가는지
은빛 문고리 목에 걸고
휘적휘적 길을 떠나네.

부음이 믿기지 않아
넋을 놓고 앉아 있는지
서둘러 길을 나서 놓고도
해 지길 기다리는지
산마루에 걸터앉아 늦장 부리네.

어차피 하룻길, 종종거릴 것 없다.
겨울 해 짧은 걸
난들 몰라서 이러겠냐?
구시렁구시렁 일어설 줄 모르네.

울지 못하는 새

석양이 떨어지는 겨울산
내가 앉아
노래 부를 나뭇가지
먹을 모이를 빼앗겨도

나의 둥지를 다 내어주고
상채기 난 가슴
나신으로 눈밭을 뒹굴어도

울지 못하는 새
머지않은 봄 날
동백 눈물 뚝 뚝 떨어지는 날

숯덩이 가슴에 둥지를 틀
나 닮은 새 한 마리 날아와
함께 노래 불러보았으면.

낙엽을 밟으며

그래, 그렇게 보내는 거야.
각질처럼 붙어 있어
떼어내지 못한 인연
이젠 잊어버리는 거야.
비워야 채워지고
떨어져야 새순이 돋듯
자리를 비워두는 거야.
돌부리에 걸려 넘어진 상채기
아물기도 전
또 다시 상처를 덧입고
쓰라린 아픔을 가슴에 품으며
지나온 시간들.
미련 없이 떨어지는 낙엽처럼
다 털어내는 거야.
나목으로 긴 겨울을 견딜지라도
행인의 발밑에서
슬픈 노래를 부를지라도.

기다림 · 2

커다란 먹장구름은
슬픔이 되어
가녀린 어깨에 흩어지고
내 영혼 위로
춤추듯 날아드는 고독감
그건, 슬픔 아닌 기쁨이라
소리치고 싶다.
쏘아올린 화살촉에
먹먹한 가슴은
목 놓아 흐느끼는데
미동도 없이 사라져가는
기억의 잔상들.
시작도 끝도 없이
또아리를 틀고 있는
상념의 소용돌이 속에
한 포기 물망초가 되어
머언 내일을 기다린다.

가던 길 멈추고

가던 길 멈추고
잠시 고개 돌려보아요.
이름 모를 들꽃이
사랑의 눈길
기다리고 있어요.

눈을 들어 하늘을 보아요.
홀로 가는 낮달이
얼마나 외로운지.

고개 숙여 앉아보아요.
욕심 없는 작은 풀꽃
웃는 모습이 얼마나 이쁜지.

걸어온 길
뒤돌아보아요.
무심코 밟고 지나온
풀 한포기가
얼마나 아파했는지.

버려진 우산

버려진 우산이
비를 맞고 있다.
그도
한때는
누군가에게 비를 막아주는
고맙도록 소중함이었으리.

먹구름 천둥소리
어느 돌에 맞은 상처로
버림받고
흐느끼는 걸까.

우린
살아가면서
내 무심함으로
소중한 인연을
버리지는 않았는지.

그가
지금 홀로 거리에서

비를 맞고 있지는 않는지
이웃을 돌아보면 어떨까.

이 비를
피할 수 있는
작은 우산이 되어보면 어떨까.

태풍전망대

북으로 뛰어가다
거친 호흡 정지하고
안타까운 장승으로 서 있는 세월
북에서 달려오는
한 서린 바람에
태극기도 울부짖는다.

속눈썹 내린 발아래엔
봄꽃잔치 화려하건만
속눈썹 올려 바라본
가깝고도 먼
저 땅엔
아직도 봄은 멀리 있겠지.

그들의 가슴에 맺힌
고였던 눈물은
소리 없는 절규로 흐르고
혈육의 생사를 묻고 있다.

아
누구의 잘못이란 말인가.

철책선 얼어붙은 땅을 비집고 피어난
한 포기 민들레도
봄을 알건만
내 핏줄 내 영혼이 숨쉬는
북녘땅의 봄은 언제 오려나.

굽이굽이 돌아
유유히 흐르는 푸른 물 임진강아
물결 위에 날개 달고
활짝 웃으며
흘러올 그 날은 언제런가.

오늘도
조국의 아픔을 끌어안고
묵묵히 흐르는
임진강을 홀로 바라보고 있는
태풍전망대.

낙화

상처가 깊고 깊으면
아프다는 말도
못합니다.

슬픔이 깊고 깊으면
소리 내어
울지도 못합니다.

소리 없이 떨어지는
꽃잎은
얼마나
얼마나
아프고 슬플까요.

| 김선자 시집 해설 |

고통을 승화한 애이불비의 미학
— 김선자 시인의 작품세계

문학평론가 리 헌 석
(사) 문학사랑협의회 이사장

1. 서정의 바탕을 찾아

충남 대덕군 동면 마산리(대전광역시 동구 마산동)에서 태어난 김선자 시인의 고향은 '대청호'이다. 그가 다닌 동명초등학교는 '대청호' 물속에 잠기게 되어 산 위로 이전하였고, 동신중학교는 아예 대전광역시 동구 용운동으로 이사를 하였다. 나고 자란 어머니 집도 대청호 물결이 출렁이는 곳에 있어, 그의 추억과 서정은 대청호를 바탕으로 형성된다.

그는 시인이 꿈이었다. 어려서부터 '시인'이 되려는 꿈을 가꾸어온 그는 독서에 집중하여 부모로부터 꾸중을 들었다고 회상한다. 후일 아들 형제를 양육해야 하는 편모 '워킹맘'이 되어 고달픈 생활을 할 때에도, 그의 가슴에서 자라는 '시 창작의 열정'으로 '삶의 고단함'을 극복한다. 견딜 수 없는 고통이 일어날 때마다 고향을 찾아 심리적 안정을 구한다.

> 언제나 그 자리에서
> 실향의 아픔을 달래주는
> 깊고 넓은 가슴을 만난다.
>
> 하늘을 닮아서일까
> 순박한 사람들이
> 떼어놓고 간 속정 때문일까
>
> 수많은 애환을 품어 안고도
> 해맑게 웃기만 하는
> 대청호, 너를 닮고 싶다.
>
> 저기 저 은빛 물비늘에
> 얼룩진 마음을 내려놓는다.
> ―「대청호 연가 2」일부

삶에 지칠 때마다 그는 서정의 고향인 '대청호'를 찾는다. 그럴 때마다 대청호는 언제나 그 자리에서 실향의 아픔을 달래준다. 〈하늘을 닮아서일까/ 순박한 사람들이/ 떼어놓고 간 속정 때문일까〉 그는 대청호에서 마음의 평화를 얻는다. 살아가면서 수많은 애환으로 아파하고 좌절하였을 터이지만, 그는 대청호에 〈얼룩진 마음〉을 내려놓는 것으로 새롭게 거

듭나게 되는 것이다.

「대청호 연가」는 6편의 연작시다. 그가 대청호를 얼마나 사랑하는지, 대청호에서 얼마나 위안을 받는지, 정서적 위상이 작품 속에 녹아 있다. 〈이름 모를 풀꽃들과 도란대는 새소리/ 하늘빛 대청호에 자박거리는 발걸음은/ 추억〉이 되어 그를 부른다. 〈어린 시절/ 잃어버린 한 쪽 고무신은/ 어느 용궁 속에 둥지〉를 틀었을까 동심에 젖게 한다. 〈실향민이 된/ 질곡의 세월/ 타향에서 흘린 눈물〉을 위안 받는 곳이기도 하다. 대청호 안개가 걷히면 그의 〈작은 소망〉도 날개를 펴리라는 믿음으로 고향 대청호를 자주 찾는다. 그러나 대청호를 떠나 현실로 돌아오면 도시의 외로움이 그를 맞는다.

하루의 희로애락을
툭툭 털어내며
돌아오는 발길

도시의 네온사인을
한 입 베어 문 심장에
차가운 별들이 떨어진다.

무심코 올려다 본 하늘엔
겨울달이 나목에 걸려있고

채 떠나지 못한 잎새 하나
시린 달빛 아래
파르르 떨고 있다.

저렇게,
저렇게 곡예사가 되어
매달려 있는 삶이
가시처럼 아프다.
　　―「귀가」 전문

    그는 1988년부터 두 아들의 엄마로서 직업 전선에 나선다. '보험설계사'가 되어 고객의 미래생활을 돕는 역할에 충실하던 어느 날 '일터'에서 아이들이 기다리는 집으로 돌아오는 상황의 형상화이다. 〈도시의 네온사인을/ 한 입 베어 문 심장〉은 호화찬란하고 따듯해야 할 터인데도, 시인의 가슴에는 〈차가운 별들〉이 떨어진다. 이는 〈하루의 희로애락을/ 툭툭 털어내며/ 돌아오는 발길〉의 이미지와 결합하여 고달픈 날의 '귀가(歸家)'임이 드러난다.

    무심히 올려본 하늘, 앙상한 나목(裸木)에 겨울달이 걸려 있고, 가을에도 떨어지지 않고 남아 있는 잎새 하나가 시린 달빛 아래 파르르 떨고 있다. 떨어질 듯 위태롭게 매달려 있는 모습에서 〈가시처럼 아프다〉는 정서적 통증을 공유한다. 이와 같은 정서적 공유는 「낙화」로도 전이되어 형상화된다. 〈상처가 깊고 깊으면/ 아프다는 말도/ 못합니다.// 슬픔이 깊고 깊으면/ 소리 내어/ 울지도 못합니다.// 소리 없이 떨어지는/ 꽃잎은/ 얼마나/ 얼마나/ 아프고 슬플까요.〉에서 시인은 상처가 깊어 아프다는 말도 못한다. 두 아들 앞에서 소리 내어 울지도 못한다. 그래서 소리 없이 떨어지는 꽃에 자신의 정서를 반영한다.

김선자 시인은 이러한 정서를 시로 빚으며 생의 기쁨을 얻는다. 문학은 혼자 외롭게 창작하는 작업이기에, 같은 길을 가는 사람들이 모여 서로 힘이 되고자 동인 활동을 하기도 한다. 그는 '글벗문학회'에서 창작활동의 동력을 얻고 있던 중, 2014년에『문학사랑』의 신인작품상을 수상하여 등단한다. 그 동안 창작한 작품으로 2016년에 첫 시집『대청호 연가』를 발간한다. 대청호 호숫가에서 고향을 지키며 사시는 94세 노모를 자주 찾아뵙는 효심(孝心)의 발현으로 보여 더욱 뜻이 깊다.

2. 사친(思親)의 정서를 찾아

　대청호 담수로 실향민이 된 그의 상실의식은 부모에 대한 '그리움과 추억'의 정서를 환기시키는 요소로 기능한다. 90세를 넘긴 어머니는 대청호 호숫가에서 고택을 지키며 살고 있는 분이다. 시인은 아들의 결혼을 앞두고 노모를 함께 찾아뵈었고, 노모는 예비 손자며느리에게 〈내 딸이지만/ 하나도 나무랄 데 없는/ 네 어머니〉라고 단언한다. 이 말은 〈딸이 홀로 고생하며/ 키워낸 외손자〉에게 건네는 감계(鑑戒)의 성격도 띤다. 이렇게 〈딸의 가슴을/ 먼저 헤아리시는/ 노모의 눈물과/ 굵은 주름〉이 서러우면서도, 노모로 인해 자신의 고단한 삶을 위로받는다.

까마중 익어가는
황혼 들녘

은빛 나이테의
어머니
머리카락

억새 몸짓으로
바람마저 서럽다.
　―「어머니」 전문

　　김선자의 이 작품을 감상하면서 단형(短形)의 형상화에 경탄한다. 어머니의 흰 머리칼을 보면서 안타까워하거나, 또한 바람에도 흔들릴 것 같은 어머니의 모습을 대한 자녀들이 눈물을 흘리는 작품은 쉽게 만날 수 있다. 그러나 이와 같은 제재를 객관적 묘사를 통해 정서를 심화시키는 애이불비(哀而不悲)의 경지는 아무나 이를 수 있는 것이 아니다. '슬퍼도 슬퍼하지 않는다,'는 이 말은 그 속에 더 큰 슬픔을 내재하여, 시인과 독자들이 동질적 정서를 공유한다는 의미다. 즉 가슴이 찢어질 듯이 슬프고 아파도 그 상황을 겉으로 드러내지 않으면서 감동을 생성(生成)하는 경지는 찬탄 받아 마땅하다.
　　김선자 시인에게 어머니는 존경의 대상이자, 연민의 실체로 작용한다. 노모의 별명은 '고추댁'이다. 가을이면 빨간 고추를 따 말린다. 〈어린 시절 가을이면/ 우리 집은 온통 고추로/ 빨간 꽃이 피었다.〉고 서술한다. 〈수백 번의 어머니 손

길)로 말린 고추는 의대를 다니는 오라버니의 등록금이 되기도 하였고, 가정생활의 바탕이 되기도 하였을 터이다. 〈이제 남으신 건/ 마른고추보다/ 더 메마르신 (어머니의) 손등〉〈서리 내린 머리와/ 바람 숭숭 드나드는/ (어머니의) 뼈마디〉에서 우리는 뛰어난 사모별곡(思母別曲)을 공유하게 된다. 이러한 정서는 '아버지'를 비롯한 가족에 대한 사랑으로 형상화되어 나타난다.

①들길 따라
아버지 등에 업혀 갔던 길
하얀 찔레꽃 따 먹으며
잘도 놀았지.
해질녘 돌아오는 길,
아버지의 흰 적삼에 배인
땀 냄새는 찔레향보다 좋았고
지친 아버지 등에서
철없는 어린 딸은 그저 좋았지,
좋기만 했지.
②어느 오월
찔레 향 흐드러지던 날
세상 짐을 내려놓고
천국으로 가신 아버지.
③이 계절
아버지의 향기 그리워
하얀 찔레꽃 무덤 앞에
진종일 서성이고 있네.
　　　－「찔레꽃 2」전문

이 작품의 제목은 '찔레꽃'이지만, 그 중심 제재는 '아버지'이다. 내용에 따라 붙인 번호 ①은 아버지와 함께 보낸 어린 시절의 행복하던 회상이다. 아버지 등에 업혀 들길을 따라 가다가 찔레꽃도 따 먹는다. 해질녘 자신을 업고 오는 아버지의 땀 냄새가 찔레향보다 좋았다는 정서적 고백이다. ②는 찔레꽃이 흐드러지게 피던 날에 〈세상 짐을 내려놓고〉 소천하신 아버지에 대한 2차적 회상이다. ③은 〈찔레꽃 무덤〉 앞을 서성이며 '아버지의 향기'를 그리워하는 내면의 반향이다. '찔레꽃 무덤'은 아버지 무덤 곁에 피어 있는 찔레꽃일 수도 있고, 많은 줄기가 밀생(密生)하여 둥근 지붕이나 무덤처럼 보이는 '무더기'로도 해석할 수 있는바, 이런 다의성은 시 표현의 수준 높은 기교에 해당한다.

그는 「한가위」에서도 아버지에 대한 정서를 구체화한다. 장에 가신 아버지를 기다리는 시인, 〈지친 몸/ 천근의 무게지만/ 어린 딸을/ 덥석 안고/ 사슴처럼/ 가벼우신 발걸음〉으로 추석빔을 준비해 오시던 아버지를 그리워한다. 「분꽃」에서는 꽃가마를 타고 시집간 언니의 눈물을 잊지 못한다. 〈그 시절 분꽃은 아직도/ 마당가에서 주인〉을 기다린다고 하여, 자신의 정서를 분꽃에 의탁하기도 한다. 편모로서 두 아들을 양육하느라 고단하던 시절, 어느 국회의원이 생활보호 대상자들에게 밀가루 한 포대씩 추석명절 선물로 주어, 머리에 이고 가는데, 아들이 "엄마, 내년엔 티코 사서/ 싣고 가자."는 말을 한다. 철없던 아들의 말, 시인은 가슴 아픈 상황에도 절망하지 않고 감사한 마음으로 살아낸다.

이런 자세는 「모자가정」에서도 드러난다. 이미 오래 전, 지난 이야기지만 〈어렵게 살아가는 홀로된 엄마들에게/ 정부에서/ 햇빛 같은 희망을 준/ 모자가정 혜택 영세민 아파트〉 8평을 분양받고도 행복하던 시인이다. 〈그 시절/ 고마운 정부가 있었기에/ 지금의 내가 있을 수 있는 게지〉 주위의 시선이나 부끄러움을 이기고, 항상 감사한 마음으로 어려움을 극복한 인간승리의 '워킹맘'이다.

3. 표현의 예술성을 찾아

김선자 시인은 평소에 "시를 써서 행복합니다." "시에 살고 시에 죽는 생활을 하겠습니다." 등을 밝힐 정도로 시를 사랑하는 사람이다. 신인작품상 당선 소감에서도 그는 〈제 의지와는 상관없는 운명〉이라며, 〈아슬아슬한 삶을 살면서도 '시'라는 청량제〉가 있었기에 고통스런 삶을 견디어 왔다고 고백한다. 앞으로 삶의 〈긴 통로 속에서 피어나는 한 송이의 작은 들꽃〉과 같은 시인이기를 소망한다. 이렇게 시 창작의 열정을 밝힘으로써 혹여 나태해질 수 있는 자신을 경계(警戒)한다.

김선자 시인의 시를 감상하면서, 시의 주제와 표현에 대한 진부한 명제를 되새기게 된다. 그가 무엇을, 어떻게 써서 감동을 생성하는지 확인하기 위한 전제(前提)이다. 시인이 '무엇을 쓰느냐'도 중요하다. 그러나 시의 주제를 살리기 위해, 감동을 생성하는 예술의 경지에 오르기 위해서는 '어떻게 표현하느냐'가 더 중요하다. '무엇'은 도덕이나 철학 교과서에도

수록되어 있지만, 그것이 정서적 감동과 직결되는 것은 아니다. 그리하여 시인들은 '무엇을 쓰느냐' '어떻게 쓰느냐'의 상보적 융합을 통해 정서적 충격을 빚어내고자 한다.

> 아이들이 오지 않아
> 동구를 지키는 느티나무 아래
> 졸고 있던 할아범
>
> 사립문을 밀치고
> 들어서면
> 토방 가득 엎드려 있던 어둠은
> 창호지 속으로 스미어 들고
>
> 일 나간 놈
> 마실 나간 놈
> 시집보낸 놈
> 어릴 적 그 놈들
>
> 기다리던 할멈과
> 밥술을 뜨다 말고
> 자식들이 오지 않는다며
> 고개를 젓는
> 알전등.
> ―「외로운 사람들」 전문

1연은 느티나무 아래에서 누군가를 기다리는 '할아범'의 서경묘사이다. '누구를 기다리는가'는 3연에 나온다. 〈일 나간 놈/ 마실 나간 놈/ 시집보낸 놈/ 어릴 적 그 놈들〉을 기다리던 할아범의 외로운 상황은 2연에서 수준 높은 표현으로 '어떻게' 를 실현한다. 누구를 기다리던 할아범이 사립문을 밀치고 집으로 들어선다. 이어지는 〈토방 가득 엎드려 있던 어둠은/ 창호지 속으로 스미어 들고〉라는 2행에서 이 작품의 수준은 갑자기 높아진다. 할아범이 밖에서 기다리는 동안 토방의 어둠이 창호지 속으로 스미어 들어 방도 어둠에 쌓였다는 것으로 보이는 상황을 2행에 압축한 표현기교는 놀랄 수밖에 없다.

  3연은 '누구'에 대한 직접적 열거다. 그러나 4연은 다시금 시적 성취에 놀라게 한다. 할아범은 〈기다리던 할멈과/ 밥술을 뜨다 말고/ 자식들이 오지 않는다〉며 실망한다. 이때 할아범과 할멈이 고개를 저으면 1차적 묘사에 그칠 수 있기 때문에 시인은 〈고개를 젓는/ 알전등〉으로 객관화하여 외로움을 극대화한다. 이런 표현 기법이 시를 시답게 만들고, 시인을 시인답게 만드는 데에 작용한다.

        그리움으로 옹이 진 자리
        아린 가슴 품어주고
        아름다운 상처
        천상으로 가는 꿈길.

        미간에 이는 바람에도
        벙그는 꽃으로
        승화된 성녀.

> 사월은
> 말 못하는 아기가
> 울지 않아도
> 말문이 트이는 계절.
> ―「4월」 전문

   시인들은 계절이나 자연에서 받은 감흥을 자주 노래한다. 하루하루가 다를 터이고, 다달이 다를 터이니, 시인의 예민한 감각적 더듬이에 감지된 자연은 각자의 프리즘에 의해 작품화되게 마련이다. 김선자 시인도 그러한데, 앞의 작품은 어느 꽃을 특정화하지 않았지만, 4월에 피는 꽃과 자신의 체험을 결합한 작품이다. 그의 작품 중에 여러 꽃이 등장하지만, 4월에 피는 꽃 중에서 〈봄밤/ 기도하는 어머니〉의 원관념으로 등장하는 '목련'으로 보아도 좋을 듯하다.

   〈그리움으로 옹이 진 자리〉〈아린 가슴 품어주고/ 아름다운 상처/ 천상으로 가는 꿈길〉〈미간에 이는 바람에도/ 벙그는 꽃〉〈승화된 성녀〉 등은 「목련꽃 지던 밤」의 〈이마에 머무는/ 바람에도/ 떨어지는 눈물〉〈속울음 삼키던// 그 밤〉〈어머니의/ 세월이 지듯/ 목련은 지고〉 등과 이미지가 중첩되어 동질성이 확보된다. 이러한 이미지가 중첩하여 작품성을 높이고 있다. 특히 〈4월은/ 말 못하는 아기가/ 울지 않아도/ 말문이 트이는 계절〉이라는 표현에 이르러, 김선자만의 개성적 이미지 창조가 빛난다.

> 찔레꽃 향기 서글픈 밤
> 나 어쩌라고
> 어찌하라고
> 고장 난 내 심장을
> 허락도 없이
> 헤집느냐
> 울지 마라
> 울지 마라
> 어둠이 사라지면
> 아침이 오리라.
> 네 가슴의 눈물이
> 노래의 향기가 되리라.
> ―「소쩍새」 전문

 찔레꽃은 모내기 하는 5월에 피고, 소쩍새도 그 때쯤 짝을 만나기 위해 구슬프게 운다. 시인은 찔레꽃을 통하여 어머니에 대한 정서도 표현한 바 있으며, 아버지에 대해서는 특별한 경험을 작품으로 승화시킨 바 있다. 이 작품에서는 찔레꽃 향기에 취해 잠들지 못하고 있는 시인이 주인공이다. 1행의 서정적 바탕에 〈나 어쩌라고/ 어찌하라고/ 고장 난 내 심장을/ 허락도 없이/ 헤집느냐〉에 이르러 감정의 고조화를 이룬다. 울기를 그치고, 어둠이 사라지면 아침이 되고, 또 일상이 시작되면 가슴 저린 '밤의 번민'도 사라질 것이다. 마지막 2행 〈네 가슴의 눈물이/ 노래의 향기가 되리라.〉는 이 작품의 백미(白眉)라 하겠다. 소쩍새 '가슴의 눈물'은 곧 시인의 눈물일 터이고, 이 눈물이 '노래의 향기'가 되리라는 발상은 참으로 놀랍기 때문이다.

4. 새로운 소망을 찾아

　김선자 시인의 작품을 감상하다 보면, 고난의 가시밭길을 거쳐, 스스로 행복을 찾아가는 자세가 오롯하다. 그 과정에서 삶에 대한 깨달음, 상대에 대한 배려, 타인에 대한 용서 등이 작품 속에 녹아 있다. 〈떨리는 손 잡아주던/ 따스한 손길〉 〈가슴속 깊은 상처/ 싸매주던 그 마음〉을 나누어 준 사람이라면, 〈설령, 거짓이라 할지라도〉 그대는 「무죄」라고 용서를 하는 시인이다.

　그리하여 〈모든 이를 용서하는 건/ 나를 용서하는 것〉이라는 철학적 명제에 이른다. 살아가는 것은 곧 용서이기에 〈고개 들어 고인 눈물〉로 고개 숙여 회개하면, 〈씨실의 원망 위에/ 날실의 사랑이 엮어져/ 미완성 작품을/ 함께 만들어 가는 것.〉이 「용서」라고 정의한다. 때로는 슬픈 삶이 새로운 씨앗으로 변환되는 자연을 예찬하기도 한다. 〈꽃이 지는 것은/ 슬픈 일이지만/ 꽃이 지고 난 뒷자리엔/ 수많은/ 꽃씨가 만들어집니다.〉라고 노래하는 시인의 내면은 '꽃이 지는 슬픔'에서 '수많은 꽃씨'의 보람으로 변환되었음을 입증한다.

　　　　꽃잎은
　　　　떨어져도
　　　　울지 않고

낙엽은 지면서도
춤을 춘다.

지천명으로
내달리는 이 밤

가슴은 통곡하지만
그래도
웃고 싶다.
　　―「그래도」 전문

　김선자 시인은 젊었을 때에 체험한 눈물의 홍수를 지천명(知天命, 50세)에 이르러 스스로 건넌 듯하다. 감정에 휘둘리지 않고, 사색을 통해 관조적 경지에 이른 듯하다. 꽃잎이 떨어져도 울지 않는다. 낙엽이 지는 것을 보며 애상하던 시인이 오히려 '춤을 춘다.'고 노래한다. 그의 가슴에는 아직 통곡(痛哭)할 일이 조금쯤 남아 있겠지만, 스스로 감내하며 극복하고자 한다.

　이런 의지는 작품 「그 섬」에도 반영되어 있다. 〈허허롭던 가슴에/ 섬 하나 있네.〉 그의 가슴에 나무옹이처럼 박혀 빼낼 수도 없고 다가갈 수도 없는 '그 섬'에 가고자 하얀 돛을 올렸지만, 돛을 내리고 그 섬에 가지 말라고 순풍(順風)이 타이른다. 그리하여 〈산다는 건/ 누구나 가슴에/ 섬 하나씩 품고 가는 것〉이라는 이치를 스스로 터득한다. 또한 작품 「팽이」에서처럼 잠시라도 〈한눈을 팔면/ 넘어지고 마는 가장이기에〉

그는 세상을 열심히 살아냈을 터이다.

  있잖아.
  저 코발트 빛
  하늘을
  꼬옥 짜서
  그림을 그릴 거야.

  난 캔버스
  넌 붓이 되어
  우리가 함께 할
  꿈길을
  만들 거야.

  그 길 끝엔
  수채화 같은
  사랑이
  기다리고 있겠지
  그러겠지?
    —「꿈」전문

 김선자 시인은 세상의 풍파를 스스로 견뎌낸 사람이다. 두 아들을 데리고 편모 '워킹맘'으로 살아내는 아픔, 가난한 사람에게 나누어 주는 밀가루를 받으며, 8평짜리 임대 아파트에 입주하며, 때로는 부끄러움과 질시(嫉視)로 세상에 분노했을 수도 있다. 그러나 타고난 천성이 긍정적이어서, 나보다 남을 배려하며 살아냄으로써 오늘의 행복에 이르렀을 터이다.

　이 작품에서는 동화적 발상에 순수한 시심을 융합하여 〈수채화 같은 사랑〉을 소망하는 시인의 내면이 청랑(晴朗)하다. 이러한 시심은 「샛별」에도 나타나 있다. 〈그대/ 그립고 그리워/ 샛별 따다/ 가슴에 담았습니다.〉라는 가정(假定)에서 〈바람 앞에 등불 같은 삶/ 서러운 기다림〉으로 살아가지만, 〈꺼지지 않는/ 그 빛은/ 내 미래의 등대/ 당신〉이라는 깨달음에 이른다. 여러 편에 등장하는 '그대'와 '당신'이 누구인지 적시할 수는 없지만, 우리는 시집의 여러 작품들을 통하여 몇 가지로 추정할 수 있다. '시인이 사랑하는 사람' '시인을 사랑하는 사람' '막연한 그리움의 대상' '종교적 구원자' 등으로 유추하게 한다. 어느 대상이든지, 그를 통해 긍정적 자세를 견지할 수 있다면, 그 존재 자체가 다행스런 일이다.

　김선자 시인이 세상에 나서면서, 여러 단계로 나누어지는 자신의 삶을 종합한 듯한 작품이 있어 마지막으로 소개한다.

　　　　석양이 떨어지는 겨울산
　　　　내가 앉아
　　　　노래 부를 나뭇가지
　　　　먹을 모이를 빼앗겨도

　　　　나의 둥지를 다 내어주고
　　　　생채기 난 가슴
　　　　나신으로 눈밭을 뒹굴어도

울지 못하는 새
머지않은 봄 날
동백 눈물 뚝 뚝 떨어지는 날

언 가슴에 둥지를 틀
나 닮은 새 한 마리 날아와
함께 노래 불러보았으면.
　　―「울지 못하는 새」전문

　그는 석양이 떨어지는 겨울산에서 편안하게 앉아 노래 부를 '나뭇가지'와 '먹을 모이'를 빼앗기면서 살았을 터이다. 둥지까지 다 내어 주고 '생채기 난 가슴'으로 눈밭을 뒹굴며 고통을 겪으면서도 '울지 못하는 새'가 되어 '봄 날'을 기다렸을 터이다. 그리하여 '언 가슴'에 둥지를 틀고 날아와 함께 노래 불러줄 '새 한 마리'를 기다렸을 터이다. 자신을 새에 의탁하여 비유와 상징으로 승화시킨 놀라운 작품을 감상하며, 그에게 봄이 빨리 와서 함께 노래하며, 두루 행복하게 살아가기를 기대한다. 이런 기대로 김선자 시인의 작품 세계 여로(旅路)를 접는다.

대청호 연가

김선자 시집

발 행 일	|	2016년 10월 20일
지 은 이	|	김선자
발 행 인	|	李憲錫
발 행 처	|	오늘의문학사
출판등록	|	제55호(1993년 6월 23일)
주 소	|	대전광역시 동구 대전로867번길 52(한밭오피스텔 401호)
전화번호	|	(042)624-2980
팩시밀리	|	(042)628-2983
전자우편	|	hs2980@hanmail.net
카 페	|	cafe.daum.net/gljang(문학사랑 글짱들)

공 급 처 | 한국출판협동조합
주문전화 | (070)7119-1752
팩시밀리 | (031)944-8234~6

ISBN 978-89-5669-781-9
값 9,000원

ⓒ김선자, 2016

* 이 도서의 국립중앙도서관 출판예정도서목록(CIP)은
  서지정보유통지원시스템 홈페이지(http://seoji.nl.go.kr)와
  국가자료공동목록시스템(http://www.nl.go.kr/kolisnet) 에서 이용하실 수 있습니다.
  (CIP제어번호 : CIP2016024281)

* 이 책은 교보문고에서 E-Book(전자책)으로 제작하여 판매합니다.
* 잘못 제작된 책은 바꾸어 드립니다.